EILAND

EILAND

HEIKO EVERT

NORDFRIESLAND
PHOTOGRAPHIERTE LANDSCHAFT

HALBINSEL EIDERSTEDT
INSELN UND HALLIGEN

IM WESTEN DAS MEER,
DER KÜSTENSAUM VOR DEN DEICHEN,
DIE FLACHEN MARSCHEN BIS WEIT
IN DAS LAND HINEIN...

Nordfriesland Rau treibt es der Wind an der Nordsee. Huult und suust, wenn ihm Pattdeutsch zu Mute ist. Türmt dunkles Meer zu hohen Wellen, mit weissen Kämmen und Kränzen von feinster Gischt. Schüttelt die Kronen der Bäume, drückt von Westen mit Rauheit und Macht, dass Jahr um Jahr die Bäume ihr junges, wachsendes Geäst in den Windschatten treiben lassen, in Gestalt springenden Kindern gleich, die im Spiel mit dem Wind vor dem Westwind fliehen, flink wie der Wind; das Haar zerzaust, voller Lust am Leben.

Rau und kalt kann der Mai im Norden sein – doch die nordfriesischen Küsten sind bevölkert von jungen Wilden. Die glatten weiten Strände vor der Küste Eiderstedts sind übervölkert von Strandseglern und Strandbuggys. Kiter und Surfer durchschneiden das aufgewühlte Wasser der Nordsee wie Herrscher über Himmel und Meer. Riesige Drachen liegen an hauchdünnen Leinen und der stürmische Wind treibt sein Spiel mit ihnen, bis zur Erschöpfung.

Salzwasser treibt mit dem Wind über das Meer, über die Inseln und Halligen, oft bis weit hinein in das Land hinter den Deichen Nordfrieslands. Salz liegt dann in der Luft, auf der Haut – auch ohne ein Bad in der Nordsee. Und, es ist wahr, die Luft ist auch im Winter salzig.

Kriterium für den beginnenden Herbst im Norden ist ein Landunter der Halligen, fast obligatorisch der gefilmte Blick aus dem kreisenden Hubschrauber auf die umspülten Warften und Häuser, fast ertrunken mitten im stürmischen Meer. Aquis submersus, versunken in den Wassern, wie es die Archivare früherer Zeiten beurkundeten, das war gestern zu Zeiten des grossen schleswig-holsteinischen Schriftstellers Theodor Storm, Halligsicherung ist Festlandsicherung gegen die Fluten des Meeres, das ist heute, trutz Blanke Hans.

Dänemark
List
Kampen
Sylt
Westerland
Keitum
Hindenburgdamm
Mark Liebleben
Seebüll
Friedrich-
Wilhem
Lübke-Koog
Klanxbüll
Nationalpark
Niebüll
Hörnum
NORD
Dagebüll
Schleswig-Holstein
Utersum
Föhr
Nieblum
Wyk
Oland
Schlüttsiel
Hauke-Haien-Koog
Norddorf
Amrum
Nebel
Wittdün
Langeneß
Gröde
Habel
FRIES -
Bredstedt
Hamburger
Hallig
Sönke Nissen-Koog
Nordsee
Japsand
Hooge
Nordstrandisch
moor
Arlau
Hattstedter Neuer-Koog
LAND
Norderoogsand
Alte Kirche
Pellworm
England
Nordstrand
Schobüll
Husum
Wattenmeer
Strucklandungshörn
Südfall
Süderoogsand
Witzwort
Evershop-Siel
Norderheverkoog
Oldenswort
Friedrich-
stadt
Treene
Eider
Reimersbude
Westerhever
N
Halbinsel
Eiderstedt
Tümlauer
Koog
Tating
Garding
Tönning
St. Peter
Ording
Vollerwiek
Katinger Watt
NESCO
eltnaturerbe

Der Charme des Nordseesommers

Die Inseln Sylt, Amrum und Föhr und die Halbinsel Eiderstedt mit ihren Dünen, von Strandhafer oder Heide bewachsen, mit hellen Sandstränden vor den hohen Dünengürteln aus feinem, weichen, weissen Sand, entfalten im Sommer ihren unendlichen Charme – das alles in einem Gebiet, das in den Küstenregionen als Weltnaturerbe der Menschheit gilt – Im Wechsel der Jahreszeiten bevölkern Millionen von Vögeln die Watten, suchen je nach Art und Herkunft, einen Ruheplatz, Rastplatz, Futterplatz oder Brutplatz. die Natur entfaltet ihr gigantisches Schauspiel.

Flirrende Sommerluft

Wenn sich aber flirrend heisse Sommerluft über die Region legt und die Kristalle des Sandes und die noch feineren Kristalle des Salzes die Sonne verschärfen, Wind weit draussen auf dem Meer zurückbleibt, dann sind hier oben, im rauen Norden, vollkommene, heisse Badetage zwischen Sand und Meer garantiert. Dann profitiert das flache Land mit seinen weiten Wiesen und weiten Feldern, das Binnenland, von der Anziehungskraft seiner Nordsee. Ferienquartiere sind belegt. Cafes und Restaurants ebenso. Durch Heide, durch Dünentäler oder entlang der asphaltierten Wirtschaftswege hinter und vor den Deichen drängen sich Radfahrer mit Badegepäck. Strandkörbe werden erobert, verschoben, verbaut mit Sand, genutzt mit Hingabe und noch mehr Fantasie. Vom frühen Morgen bis zum späten Abend.

Zu Inseln und Halligen Anderntags, noch die Hitze des Vortags im Gesicht, beginnt per Schiff, die Eroberung der Welt: der Insel- und Halligwelt vor der Küste Nordfrieslands. Heute Föhr, die grüne Insel mit ihrem einzigartigen Kirchturm. Den schönen alten Dörfern, ihrer Geschichte von Seefahrt und Fischfang. Morgen Hallig Hooge, mit den charakteristischen, hohen Warften, den Fethingen im Rund der Häuser, und weiter mit der schnellen Schiffslinie, weiter nach Amrum, der grossen Schwester von Sylt. Idyll mitten im Meer. Endlose Sandstrände, endlose Dünengürtel. Durch Kiefernwälder und Heidefelder per Rad oder zu Fuss über verblichene Holzstege, mitten durch die Täler der Dünen, über Sandwege direkt am Meer. Alles ist in diesen alltagsfernen Sommertagen auf Amrum oder Sylt möglich.

In den Inseldörfern sind die reetgedeckten Häuser der Vergangenheit blendend geputzt, liegen verborgen hinter schützenden Wällen aus Erde und Stein und üppig blühenden Halligrosen. Und: Sylter Charme liegt für viele Grossstädter auch im Besitz eines zweiten Wohnsitzes. Zweite Heimat schon seit Kindertagen, oft schon in zweiter oder dritter Generation, auch das ist ein verborgener Schatz der Insel- und Halligwelt des nordfriesischen Wattenmeeres.

.... FÜR ALLE Und dann noch mehr und für alle gleich, ach, die Sonne. In den Wassern versunken. Schönes Nordfriesland.

Siel und die Eider bei Reimersbude
im Wechsel der Jahreszeiten

Fahler Winterhimmel im Februar

Spiegelungen im März

Gleicher Ort, Licht im April

Das ist die Drossel, die da schlägt,
der Frühling, der mein Herz bewegt;
ich fühle, die sich hold bezeigen,
die Geister aus der Erde steigen.
Das Leben fliesset wie ein Traum –
mir ist wie Blume, Blatt und Baum.

Theodor Storm

Reimersbude im August,
Ebbe im Sielzug

Im September

Reimersbude im Oktober

Winterlicht im November

Friedrichstadt, Mittelburgwall

Treppengiebelhäuser am Markt – Friedrichstadt wartet mit Festtagen auf

ALTE MÜNZE, DAS HISTORISCHE MUSEUM IN FRIEDRICHSTADT

MITTELGRACHT, HERBSTANFANG

Friedrichstadt –
Stadtgründung 1621.
Kopfsteinpflaster, Grachten und viele
Brücken prägen das Bild der Kleinstadt

Eingangstür des Paludanushauses

Bahnhof Friedrichstadt –
Station zwischen
Hamburg und Westerland

Die Treene bei Friedrichstadt

Im Fluge davon: Kleine Haltestellen für den Zugverkehr zwischen Husum und St. Peter-Ording, für Pendler und Strandtouristen

Land vor den Deichen, dahinter
beginnt die offene Nordsee

Abendlicht in Stufhusen,
Halbinsel Eiderstedt

FREESENKOOG AN DER EIDER – GEGENÜBER BEGINNT DITHMARSCHEN

NONNENGÄNSE VOR DEM EIDERDEICH

Kopfweiden und rote Kastanie

Der Frühjahrsrückschnitt
macht Weiden zu Kopfweiden

Binnenhafen Husum

Von Husum – auf zum
Nordsee-Wattenmeer-Segeltörn

Die denkmalgeschützte St.-Marien-Kirche zu Husum, erbaut im klassizistischen Stil nach Plänen des dänischen Baumeisters Christian Frederik Hansen, 1829-1833

Kirchturm der Marienkirche

Vorland mit Westerhever Leuchtturm, Zugvögeln und rosa Wolken

Fangfrische Nordseekrabben – Die kleinen grauen Krabben werden schon auf See zu salzig aromatischen „Porrn“ verarbeitet. An Land werden sie „ausgepuult“ aus ihrem feinen Schalenpanzer, teils in Marokko, teils noch in Nordfriesland

Die Tine, ein Husumer Wahrzeichen. Diese bronzene Figur schuf der Husumer Bildhauer Adolf Brütt

Fischkutter im Husumer Aussenhafen

Alles fertig zum Auslaufen

Die Kutter der einheimischen Krabbenfischer prägen das Bild der Häfen, wie in Husum oder Tönning

Fangfrisch aus der der Nordsee:
Kliesche, Scholle,
Krebsscheren vom Taschenkrebs,
Nordseelachs

Ebbe im Priel –
Watvögel suchen Nahrung

Krabbenkutter vor der
Hamburger Hallig

SILBERMÖWEN

Die Kirche St. Magnus in Tating ist die älteste Kirche auf der Halbinsel Eiderstedt. gegründet 1103, Turm 1661

Altes Gemäuer – ein idealer Nistplatz für den Grauschnäpper

Orgel, Hauptwerksprospekt
ursprünglich 1591,
Rückpositiv der Renaissance, 1650

Schnitzaltar, um 1480
Taufstein, 15. Jahrhundert

Wer kannte nicht auf Eiderstedt die Wasserkooger Gaststätte von Frau Volkquardsen

Landwirtschaftlicher Instandsetzungsschuppen

für schnelle Reparaturen

Feldbestellung –
nach dem Pflug kommt die Egge

Ebbe in Ehstensiel,
Wilhelminenkoog, Eiderstedt

Den Tag über Hallig-Touristen gezogen, freut sich jetzt jedes Pferd auf den Weide-Abend

Keine nassen Füsse – Stege mit einseitigem Geländer, Stöcke genannt, erleichtern das Überqueren der Gräben

Schmiede in Koldenbüttel – auch Freizeitpferde brauchen beschlagene Hufe. Die schweren Bauernpferde, wie die Schleswiger Kaltblüter, sind sehr selten geworden. Früher zogen sie Pflug und Egge, Heu- oder Brauereiwagen

Die fetten, ertragreichen Marschböden der Halbinsel Eiderstedt brachten Reichtum in die karge Landschaft. Dies spiegeln große Haubarge und ihre guten Stuben

Hof bei Oldenswort, Eiderstedt
Reetgedeckte Häuser prägen
das Landschaftsbild in Nordfriesland
(Kulturdenkmäler)

Witzworter Allee mit
den leuchtend gelben Rapsfeldern,
Halbinsel Eiderstedt

Haus bei Osterende

RAPSFELD BEI UELVESBÜLL
NORDERFRIEDRICHSKOOG, EIDERSTEDT

DIE BLÜTE VERGEHT

Priel in den Salzwiesen

Zum Anschauen schön: auflaufende Flut gibt dem Vorland Struktur und fängt spätes Licht ein

Das Geheimnis einer Bank ...

... zentrieren von Landschaft
und Gedanken

Geführt durch blühende Rotdornbäume, der Weg zur Koldenbütteler Kirche St. Leonhard, Eiderstedt

Innenraum mit der Kanzel von 1583,
Schnitzaltar, ungefähr 1489

Epitaph Sievertzen, 1550
Taufe Jesu mit Luther
und Melanchthon

Neu-Augustenkoog, Kömdiek, Halbinsel Eiderstedt

Haubarge – prächtige alte Bauernhäuser, Multifunktionswunder schon im 19. und 20. Jahrhundert – sind in Nordfriesland selten geworden. Viele dieser Häuser mit den hochaufragenden und reetgedeckten Dächern verfielen oder wurden durch Brände zerstört. Fast zu spät entwickelte sich ein Bewusstsein für diese besondere Kulturform eines Bauernhauses.
Kaltenhörn, Eiderstedt

Wechselvolles Licht und ein Abend-
blick über Meer und Strand

Das Getreide ist abgeerntet, Strohballen im Stoppelfeld

Eiderstedt im Juni

Silberweide

Westwind – durchschnittlich an rund 270 Tagen im Jahr – hat Einwirkungen auf die Pflanzen. Bäume und Sträucher hoch im Norden wachsen schief, entwickeln infolge der Windschur ein Ungleichgewicht und hängen zu einer Seite über

Küstenschutz, dahinter ...

... liegt das Meer

Salzwiesen im Tümlauer Koog, Halbinsel Eiderstedt

Priel bei Flut – natürlicher Wasserlauf im Watt

Westerhever Koog, Halbinsel Eiderstedt

Die Eider mit Vorland und Deich

Der Herbst zeigt sich in seinen schönen Farben

Deich, Priel, Ebbe, Lahnungen

Wattlandschaft
bei untergehender Sonne

EINTRITT IN DEN HAUKE-HAIEN-KOOG

NONNENGÄNSE

Graugänse

Morgens im November,
Naturschutzgebiet
Hauke-Haien-Koog

Im Schutze des Deichvogtes
Hauke Haien,
nachzulesen bei Theodor Storm

Die Ringelgans, ein steter
Wintergast an der Nordseeküste

Die Graugans ist
die zweitgrösste Gänseart in Europa

Alpenstrandläufer im Flug vor Everschopsiel. Ihr lauter Flügelschlag und die synchronisierten Wendungen im Schwarm verwandeln die grauen Watten und Säume der Priele in spektakuläre Natur

Die Uferschnepfe erholt sich in der Zugzeit auch in Watten und Kögen

Nonnengänse an der Eider

Katinger Watt, Halbinsel Eiderstedt.
Ein Brackwasser- und Süsswasserbecken
hinter der Eidermündung.
Hier siedelte sich sogar
der Seeadler an

Katinger Watt

Pastorat zu Poppenbüll

GARTEN UND PASTORAT IN TETENBÜLL

Badestrand in Vollerwiek ...

... MIT DEICH UND VORLAND,
HALBINSEL EIDERSTEDT

Stockenten, Weibchen und Männchen ...

... vor der Westerhever Kirche
St. Stephanus

Lahnungen sind Uferschutzanlagen – doppelte Holzpflöcke, die mit Strauchwerk (Faschinen) gefüllt werden. Sedimente und Schlick setzen sich an den Lahnungen fest und neues Land entsteht

Faschinen

Westerhever Sand mit Leuchtturm

Norderfriedrichskoog,
hinter dem Deich, Eiderstedt

Der Wind peitscht das Meer und treibt den Sand, auch ein Sommertag an der Nordseeküste

Die Flut überspült Teile des Strandes

Weg über eine Sandbank

Spuren im Watt, Seegangsrippeln

der Wind treibt den Sand vor sich her, Treibsand

Karge Landschaft, weiter Horizont. Strandkorbgespräche. Wieso ist auf dem Mond ein Wasserberg? Springflut und Nipptide? Fragen zu Ebbe und Flut und die Verknüpfungen mit Kräften von Mond und Sonne und Erde... sind einfach zu erklären: Anziehungskräfte und Fliehkräfte gelten auch am Badestrand

Durch Werbung berühmt.
Der Westerhever Leuchtturm steht auf
mehr als 120 Pfählen.
Sein Feuer leuchtet 40 Kilometer weit

St. Peter Ording –
Strand, so weit das Auge blickt

Kirche St. Christian in Garding, gegründet 1109, Chorraum von 1488, Halbinsel Eiderstedt

Christian Matthias Theodor Mommsen, geboren 1817 in Garding. Bedeutendster Altertumswissenschaftler des 19. Jahrhunderts, Nobelpreis für Literatur, 1902

Orgelprospekt von 1512,
Rückpositiv um 1700

Gemäldealtar von
Marten van Achten, 1596
Abendmahlsbänke von 1705

Wildrose, Hagebutte
eine ideale Pflanze für Friesenwälle

Silbergraue Kätzchen
der Sal- oder Palmweide

Bei Kindern beliebt – die Pusteblume.
Sie enthält den Samen für
neue Löwenzahnpflanzen

Wiesen-Klee-Blüte,
wächst auf Wiesen und Feldern,
beliebt beim Vieh

Weisse Taubnessel

WEISSDORNBLÜTE

Weißdornbusch

Blühende Salzwiese auf Hallig Oland

Die Strandnelke
blüht in den Salzwiesen

Barneckermoor, Halbinsel Eiderstedt

Bus-Wartehaus, Wasserkoog

ARBEITS- UND FERIENHAUS
DES AMTES FÜR LÄNDLICHE RÄUME

Wenn zwei sich streiten...

Nach einem langen Arbeitsleben ist jetzt Ruhe eingekehrt, Mühlendeich, Eiderstedt

... MACHT DER DRITTE EINEN FREUDENSPRUNG

Schienenversorgungsweg für die Hallig Nordstrandischmoor

Die Hamburger Hallig im späten Abendlicht eines Sommertages. Die Salzwiesen des ausgedehnten Deichvorlandes sind nicht nur Rastplatz der wilden Gänse, sondern Areale für Schafhaltung. Die Gasträume des einzigen Hauses strahlen übers flache Land. Hier kann friesisch getafelt werden

Fischkutter im Hafen von Dagebüll

Badehäuser in Dagebüll

Duckdalben im Hafen von Schlüttsiel

Sperrmüll von der Hallig Langeness

Schafe halten das Deichgras kurz, mit ihren Hufen sorgen sie für einen trittfesten Boden. Mäh…

...und miau
Strandkorbtouristen
auf dem Bauernhof,
nach der Jagd geniessen
Kater und Co die Pause

Halt die Ohren steif!

Halligflieder, Flut, Ruhebank, Segeltoern

Alle Jahre wieder –
das Drachenfest am Strand
von St. Peter Ording

Jeden Tag wieder schön –
die Sonne geht unter

Harro Friedrichs macht in Aal, ist aber auch als Hafenmeister im Tümlauer Koog tätig

Dieter macht im Sommer in Honig
an der Westerhever Strasse,
im Winter Architektur in Berlin

Hafen Everschopsiel,
Halbinsel Eiderstedt

Tümlauer Bucht, Halbinsel Eiderstedt

Baden wie früher –
in einem der Sielzüge auf Eiderstedt

Dünenlandschaft St. Peter Ording

WEITER STRAND, ST. PETER BÖHL

Von Koldenbüttel, Richtung Husum

Herbstlinde

Deiche sind ein durchkonstruiertes, somit durchdachtes Konzept gegen die Sturmfluten an der Nordsee. Die grossen Landesschutzdeiche werden ergänzt durch Überlaufdeiche, Mitteldeiche und Binnendeiche, folgend dem Prinzip einer Überströmung ohne grösseren Schaden

Gewitterstimmung vor dem Deich

Kette zum Fastmoken ...

... hält auch ältere Duckdalben zusammen.

POLLER

MAN VERSTEHT SICH –
UNTER SEGLERN WIRD GETEILT

Hafeneinfahrt von Tönning ...

... und am Ende eine Schiffswerft

Packhaus von Tönning

Arlauwiesen

Beltringharder Koog im Januar ...

... und im November

Blick vom Sönke-Nissen-Koog in den
Beltringharder Koog, August

Sonnenuntergang
vor der Hamburger Hallig

Die Drossel singt, im Garten scheint der Mond –
halb träumend schwankt im Silberschein die Rose.
Der Abendfalter schwingt sich sacht heran,
im Flug zu ruhn an ihrem zarten Moose.

Theodor Storm

Vom Festland über
den Nordstrander Damm
zur Insel Nordstrand,
bei schlechtem…

… und bei gutem Wetter

Segelhafen von Nordstrand bei Flut ...

... und Ebbe

Nordstrander Dom –
katholische Dom-Kirche Sancta Maria
Margaretha von den Engeln und
Sancta Theresia von Avila

Der Nordstrander Dom steht seit 1972 unter Denkmalschutz

Katen und friesische Langhäuser präsentieren sich selten noch im Orignal, wurden oft bis zur Unkenntlichkeit modernisiert.
Ein neuer Trend zeigt, wie die schlichten und funktionsorientierten Häuser sich zu alter Schönheit entwickeln, mit proportionierten Reetdächern, Sprossenfenstern und Friesentüren nach Originalvorlagen

Café im Katinger Watt

Speicherbecken im Jordflether-Koog,
Gewitter zieht auf

Gemütliches Leben in restaurierten
Häusern an der Wasserkooger Strasse,
Halbinsel Eiderstedt

Altfriesisches Haus in Keitum, Insel Sylt

Schöne alte Reetdachkate
bei Kaltenhörn, Eiderstedt

Bei dieser Lichtstimmung über das Watt zum Westerhever Sand, ein wahrer Traum

Duckdalben –
dahinter liegen die Seehundsbänke

Mit der MS Rungholt
das nordfriesische Wattenmeer
erleben

Rixwarft,
Anleger Hallig Langeness

Gummistiefel-Weitwurf
auf den Halligen –
eine Sportart, die Seeleute
Ende des 19. Jahrhunderts
einführten

Übergang vom Watt zur Salzwiese

PETERSWARFT, HALLIG LANGENESS

Leuchtturm Hallig Langeness,
Quermarkenfeuer

Steinufer an den Halligen

Wie liegt im Mondenlichte
begraben nun die Welt –
wie selig ist der Friede,
der sie umfangen hält!

Die Winde müssen schweigen,
so sanft ist dieser Schein –
sie säuseln nur und weben
und schlafen endlich ein.

Theodor Storm

Seehundsbänke im Wattenmeer

Der Flügelaltar beinhaltet zwei Darstellungen, die Kreuzigung Jesu und das letzte Abendmahl, Jesu mit seinen Jüngern

Kirche auf der Hallig Langeness

KÖNIGSPESEL MIT ALKOVEN (WANDBETT)
UND BEILEGEROFEN VON 1760 ...

... auf Hallig Hooge, Hanswarft

Obst ...

Blick von Oland auf die Hallig Gröde

... und Blumen auf Hallig Oland

Flussseeschwalbe

Vom Festland mit der Lore nach Hallig Oland …

… und weiter zur Hallig Langeness

Halligpriel

Möwen empfangen den Halligbesucher

Mit dem Hubschrauber
über Hallig Hooge

Landesdienstflagge
von Schleswig-Holstein

Von der Westerwarft geht der Blick auf die Kirch- und die Backenswarft, Hallig Hooge

Küstenwache – hilft und überwacht

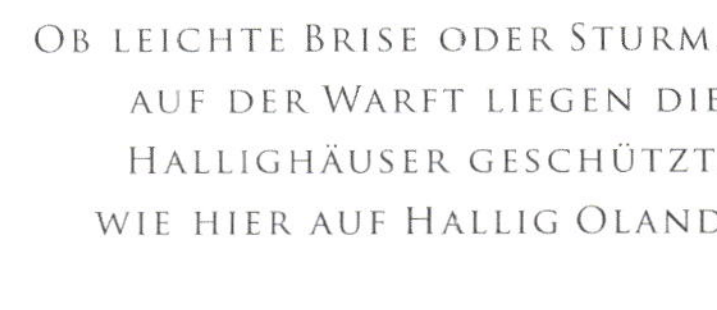

Ob leichte Brise oder Sturm, auf der Warft liegen die Halligháuser geschützt, wie hier auf Hallig Oland

Arbeitslore für Hallig Oland und Hallig Langeness

Fussball wird auch auf Hallig Oland gespielt, im Hintergrund die Inselfähren

Abendstimmung im Wattenmeer

Pricken sind Birkenstämme, die bei Niedrigwasser in den Wattboden eingesetzt werden.
Sie weisen der Schifffahrt den sicheren Weg durch das Wattenmeer

Krabbenkutter – hoffen auf einen guten Fang

Von Hallig Gröde geht die Fahrt weiter zur Hallig Langeness

Fracht-Ewer
war früher ein Arbeitsschiff,
heute erfreuen sich Touristen
an einem Segeltörn

Eine Vorlage für künstlerische Inspiration

FRIEDHOF HALLIG GRÖDE

Auf der Hallig Habel – der kleinsten der Halligen – steht nur ein Haus. Hier haben nur Mitarbeiter des Amtes für ländliche Räume und der Vogelwart Zutritt. Vielen Seevögeln ist dieser Flecken Erde als Rast- und Nahrungsplatz willkommen

Die Familie von Sigfried Hellmann lebt seit Generationen auf der Insel Pellworm

Originale hat das karge Land in Geschichten verewigt. Wie den alten Pastor aus Nordstrand, der einer allzu fröhlichen Beerdigungsgesellschaft auf die Schliche und hinter den Rum unter der Schlagsahne über dem heissen Kaffee kam. „Oh, ihr Pharisäer". Hatte er doch den Nordstrandern das Rumgesaufe von der Kanzel aus verboten. Und? Pharisäer gilt heute als Nationalgetränk der Friesen. Neben Teepunsch mit Geele Köm und Rumgrog (Wasser kann, Rum muss)

Trockengefallener Kutter,
Insel Pellworm, Hooger Fähre ...

... mit Blick auf die Hallig Hooge

Die Alte Kirche aus dem 11. Jahrhundert
auf der Insel Pellworm.
Die Turmruine ist
das Wahrzeichen der Insel

Insel Pellworm, Junkersmitteldeich

Farbenspiel der Abendsonne
im Süderhever Koog,
Sielzug am Schöpfwerk, Eiderstedt

Kirche in Osterhever

Kirchturmfenster der Kirche von Uelvesbüll

Wiesennebel vor Westerhever, Eiderstedt

Viehgatter

Vom Hauke-Haien-Koog
Blick über den Deich

Das Licht der warmen Abendsonne
fängt sich in den Flügeln der Stare

Austernfischer ...

... ein Watvogel, der charakteristisch für die Nordseeküste ist

Nordfriesische Landschaft

Fischverwerter,
der Grau- oder Fischreiher

Morgens im Cecilien-Koog, auf dem Weg zum Sönke-Nissen-Koog

Sönke-Nissen-Koog mit den typischen weissen Höfen und den grünen Dächern

Windkraftanlagen im Sönke-Nissen-Koog

Feldbestellung im Wasserkoog – Pflügen war früher die schwerste Arbeit des Jahres. Es wird gebrochen, gewendet, gekrümelt und geschnitten

Altes Stallgebäude auf der Peterswarft im ockholmer Koog

Ockholmer Kirche

OCKHOLMER KIRCHE, INNENRAUM

Bei der Flut von 1362 („Mandränke")
ging die erste Ockholmer Kirche,
von der die Geschichte weiss, unter.
Diese Kirche stand wahrscheinlich
im jetzigen Hauke-Haien-Koog.
Eine zweite Ockholmer Kirche, 1555
erbaut, ging bei der Flut von 1634
(„Oktoberflut") unter. Die Stelle an
der sie stand, ist nicht mit
Sicherheit bestimmbar.
Die jetzige Ockholmer Kirche
wurde 1647 erbaut. 1962 wurden
Kanzel, Altar, Kruzifix letztmalig
renoviert. Jetzt 1964 erhielt diese
Kirche eine neue Orgel.
HERR HILF UNS!

Früher wurde hier in Galmsbüll
das "Öffentliche Leben" gewogen

Grenze von Deutschland
nach Dänemark

Norddeich, Mark Liebleben

KLATSCHMOHN IN NOLDES GARTEN

AUSSTELLUNGEN IM
EMIL NOLDEHAUS IN SEEBÜLL

Westerhever Koog, wenn der Abendhimmel über das Land geht und spät am Abend die Sonne ein Rosarot über die Wiesen legt, dann sagt man in Nordfriesland "der Fuchs bräut"

Der Süderdeich im Sönke-Nissen-Koog,
im Hintergrund liegt der
Beltringharder Koog

Innenraum der St. Gallus-Kirche zu Neugalmsbüll. Die Art der Innenarchitektur ist in Europa einmalig

St. Gallus-Kirche

Typische Häuser in Nieblum auf der Insel Föhr

Diese schöne Mühle steht in Süddorf, Insel Amrum

BADESTRAND KNIEPSAND,
INSEL AMRUM

Fahrt über den Hindenburgdamm
zur Insel Sylt

WATTSEITE, SYLT

Dünenlandschaft auf Sylt, Kampen

DÜNEN, BLÜTE, SYLT

DÜNEN IM ELLENBOGENTAL BEI LIST, SYLT

Abendstimmung am Roten Kliff, Insel Sylt

Das Rote Kliff (Steilküste) ist eine Küstenform, die durch die stetige Meeresbrandung entstanden ist

Der kleine Leuchtturm in Kampen, Sylt

Leuchtturm auf Sylt,
südlich von Kampen
in der Braderuper Heide

Kampen auf Sylt ...

... WATTSEITE

Häuser in Keitum auf Sylt

STEILKÜSTE, STRAND UND MEER,
EIN REGNERISCHER TAG AUF SYLT

Dünenweg zum Meer

Insel Sylt, Strand Ellenbogen bei List

AUF SYLT TREFFEN SICH INTERNATIONALE SPITZENSURFER

LEUCHTTURM LIST OST

Der Queller ist eine Salzwiesenpflanze. Im Herbst, wenn der Salzgehalt angestiegen ist, strahlt er in herrlichen Rottönen

Eiszeit auf den Vorlandwiesen
im Katinger Watt

Der Winter hält Einzug,
Halbinsel Eiderstedt

Freesenkoog, Halbinsel Eiderstedt

Der Frost setzt ein, Insel Sylt

Die fremde Stadt durchschritt ich sorgenvoll,
der Kinder denkend, die ich liess zu Haus.
Weihnachten war's; durch alle Gassen schwoll
der Kinder Jubel und des Markts Gebraus.

Theodor Storm

Tönninger Hafen im Dezember

Winter am Porrendeich, Eiderstedt

Die Wintersonne im Katinger Watt lässt die Farben glühen

Hintenrum, der Weg nach Witzwort

Eiszapfen! Es ist kalt
im Westerhever Koog

Kein Segler, kein Fischer, Eiszeit im Hafen von Everschopsiel

Die Zuneigung zur Landschaft prägten die Ferien bei den Grosseltern in Garding, Nordfriesland. Eine Zuneigung, die sich in Hamburger Berufsjahren festigte.

Heiko Evert, Jahrgang 41, Werbegraphiker und Photo-Designer, mit eigenem Atelier in Hamburg, studierte an der Fachhochschule für Gestaltung in Hamburg.

Nordfriesland in sensibler Sicht, photografisch professionell umgesetzt.
Heiko Evert knüpft an seinen bereits vergriffenen grossen Nordfriesland Bildband an.

Heiko Evert hat bereits nationale – Staatspreis der Freien und Hansestadt Hamburg – und internationale Auszeichnungen erhalten.

Photos und Graphik-Design: Heiko Evert

mail@heikoevert.de
www.heikoevert.de
Text: Elisabeth Schuberth
Druck: GE•Druckt Druck & Verlag, Gelsenkirchen
Realisation: Frank Rosemann
Eiland Verlag, 25980 Sylt/Tinnum
info@eiland.de
www.eiland.de

ISBN: 978-3-86926-147-8